LES GUIDES DES JARDIN

Domaine Mackenzie-King

(PARC DE LA GATINEAU)

Texte de Denis Messier

Photographies de Louise Tanguay

FIDES

ASSOCIATION DES
JARDINS
DU QUÉBEC

Denis Messier remercie Renée Lemieux pour la relecture des textes et pour l'information horticole, et Anne-Saskia Barthe, de Fides, pour les révisions, corrections et les douloureuses mais nécessaires coupures.

Louise Tanguay remercie l'équipe du laboratoire Boréalis pour la qualité de son travail et pour son soutien financier.

Le soutien de la Commission de la capitale nationale du Canada a été essentiel dans la publication de ce guide. Tout comme l'a été, pour le développement de la collection, celui du ministère de l'Agriculture, des Pêcheries et de l'Alimentation du Québec, en la personne du ministre, M. Maxime Arsenau, de son prédécesseur, M. Rémy Trudel, et du sous-ministre, M. Jacques Landry.

Maquette : Gianni Caccia, Bruno Lamoureux, Louise Tanguay
Photographie de la page couverture : Louise Tanguay
Numérisation des illustrations : Studio Colour Group

Données de catalogage avant publication (Canada)
Messier, Denis, 1952-
Domaine Mackenzie-King
(Les guides des jardins du Québec)
Comprend des réf. bibliogr. et un index
Publ. en collab. avec : Association des jardins du Québec.

ISBN 2-7621-2353-4

1. Domaine Mackenzie King (Chelsea, Québec). 2. Jardins – Québec (Province) – Chelsea. 3. Domaine Mackenzie King (Chelsea, Québec) – Ouvrages illustrés. I. Tanguay, Louise. II. Association des jardins du Québec. III. Titre. IV. Collection : Guides des jardins du Québec.

SB466.C33M32 2002   712'.5'09714221   C00-942314-1

Dépôt légal : 1er semestre 2002
Bibliothèque nationale du Québec
© Éditions Fides, 2002

Les Éditions Fides remercient le ministère du Patrimoine canadien du soutien qui leur est accordé dans le cadre du Programme d'aide au développement de l'industrie de l'édition. Les Éditions Fides remercient également le Conseil des Arts du Canada et la Société de développement des entreprises culturelles du Québec (SODEC). Les Éditions Fides bénéficient du Programme de crédit d'impôt pour l'édition de livres du Gouvernement du Québec, géré par la SODEC.

Imprimé au Canada

Table des matières

Kingsmere

Lac de mon cœur, je t'ai vu allongé,
Aussi bleu que le bleu d'un ciel d'été;
Lac de mon cœur, je t'ai vu immobile,
Endormi avec l'engoulevent.
Lac de mon cœur, je t'ai vu silencieux,
Frissonner sous le chant de la grive ermite;
Lac de mon cœur, je t'ai vu glacé,
Chargé de planètes et d'étoiles innombrables.
Lac de mon cœur, je t'ai vu t'éveiller,
Te lever et secouer le brouillard sur tes épaules;
Lac de mon cœur, je t'ai vu te glisser
Sous les neiges pour ton sommeil hivernal.
Lac de mon cœur, quand le monde a été conçu,
Dieu t'a saisi, il a bu puis il a ouvert sa main,
Des collines bleutées ont jailli pour t'enceindre,
par crainte que tu ne t'éloignes,
Lac de mon cœur, Lac de mon cœur.

Arthur S. Bourinot
(trad. Pierre DesRuisseaux)

Introduction

Y a-t-il mieux qu'un poème pour introduire un guide consacré à un jardin? Surtout si son auteur fut l'un des anciens propriétaires de ce domaine. C'est en effet de la veuve d'Arthur S. Bourinot que Mackenzie King a acquis son premier lopin de terre à Kingsmere. Ces premiers hectares constituent l'embryon de la magnifique propriété qu'il nous a léguée.

L'objectif que je me suis donné en rédigeant ce guide était d'abord de situer le contexte géographique, physique, historique, économique et social dans lequel s'est réalisée l'œuvre de Mackenzie King. Dans un deuxième temps, je me suis efforcé de montrer à quel point les

◁ *Les jardins de Moorside, à l'époque du festival des tulipes.*
◁ *Pages précédentes: les pelouses de Moorside et le rocher erratique.*

Ruines des installations industrielles de « Carbide » Willson en hiver sur les bords du lac Meech.

Les barrières blanches typiques du Domaine.

aménagements paysagers réalisés à Kingsmere par l'ancien premier ministre sont chargés de symboles et reflètent sa forte personnalité.

Depuis plus de dix ans, à titre de gestionnaire du Domaine, j'ai eu la chance de fréquenter ce magnifique endroit sur une base presque quotidienne. Je me suis familiarisé avec toutes ses composantes, j'ai côtoyé ses multiples facettes et découvert ses moindres détails. J'ai donc eu la possibilité de m'imprégner de cette atmosphère toujours changeante ! Les brumes matinales de juin, les levers de soleil, les couchants, les neiges bleues de janvier, les violents orages de juillet, les nuits étoilés d'août et les concerts de couleurs d'octobre m'ont fait éprouver des émotions semblables à celles qui ont forgé la fascination de Mackenzie King pour cet endroit. Rendre compte de ces impressions était une tâche ardue, heureusement les magnifiques photographies de Louise Tanguay savent, mieux que des mots, exprimer leurs couleurs ineffables.

Je dédie ce livre aux jardiniers du Domaine, les travailleurs aux mains d'artistes qui ont construit ce jardin, et à ceux qui en ont pris soin depuis sa restauration. À Jean-Claude, Wesley, Jacques, Léon, Sylvie, René et Dee.

Denis Messier
Gestionnaire du domaine Mackenzie-King
Parc de la Gatineau, Commission de la capitale nationale

UN PEU D'HISTOIRE

Un jardin sur un bouclier

La lente création du visage de l'Outaouais

Le domaine Mackenzie-King est situé dans une région dont l'histoire géologique s'étend sur près d'un milliard d'années. Dès la fin de l'ère précambrienne, une chaîne de très hautes montagnes, peut-être les plus anciennes de la terre, recouvre l'ensemble de ce qui est aujourd'hui l'Outaouais. Le paysage ressemble alors aux Rocheuses ou aux Andes, avec des sommets de 4000 à 6000 m. Mais quelques centaines de millions d'années suffisent à éroder ces fiers sommets pour les ramener au niveau de modestes collines.

Environ cinq cent millions d'années plus tard, au paléozoïque, l'océan s'infiltre jusqu'au centre du continent nord-américain. Les montagnes, déjà érodées par l'ac- tion du climat, sont submergées par les eaux. Pendant des millions d'an- nées, la mer dépose ainsi ses sédi- ments qui forment aujourd'hui la base géologique de la vallée de l'Outaouais. Au cours de cette période se forment la faille qui constitue la chaîne de lacs du parc de la Gatineau et l'escarpement d'Eardley, cette haute falaise qui établit la limite ouest du Parc.

Il y a moins de deux millions d'années, le climat nord-américain commence à subir de nombreuses perturbations, marquées par plu- sieurs périodes de glaciation. La dernière, qui remonte à quelque 20 000 ans, laisse la région sous plus de 2000 m de glace. La pres- sion exercée par cette masse est telle que le continent s'enfonce de plusieurs mètres.

Un site exceptionnel

Le domaine Mackenzie-King est enclavé dans les collines du parc de la Gatineau, dans la région de l'Outaouais. Localisé à 45° 29' 00" de latitude nord et 75° 50' 52" de longitude ouest, il chevauche la municipalité de Chelsea et le secteur Aylmer de la ville de Gatineau. Il est situé à un véritable carrefour, entre différentes métropoles d'Amérique du Nord : à 20 km du cœur d'Ottawa et de Gatineau, à un peu plus de 200 km de Montréal, à 450 km de Toronto, à 475 km de la ville de Québec, à 500 km de Boston et à 545 km de New York.

Le territoire du Domaine forme un trapèze qui couvre une superficie de 231 hectares. Son altitude moyenne est d'environ 250 m au-dessus du niveau de la mer. Le mont King, avec ses 344 m, domine l'horizon nord-ouest du site, tandis que le lac Kingsmere en constitue la limite nord. La partie sud du territoire s'élève régulièrement sur plusieurs centaines de mètres, puis redescend graduellement jusqu'au pied de l'escarpement d'Eardley, contrefort du parc de la Gatineau.

◁ △ *Du haut du belvédère Champlain, le visiteur peut imaginer sans mal comment les eaux ont envahi la vallée de l'Outaouais il y a un peu plus de 10 000 ans, formant la mer de Champlain.*

Le sud-ouest du Québec, où est campé le domaine Mackenzie-King, jouit du climat le plus clément de la province, le climat continental tempéré. On y trouve la flore la plus méridionale du Québec, dont plusieurs espèces qualifiées de « thermophiles » parce qu'elles ont besoin de températures moyennes relativement élevées. Les forêts y sont très diversifiées. Certaines essences, comme l'érable noir, le chêne bicolore, le pin rigide, ainsi que plusieurs arbustes et plantes herbacées, croissent ici à la limite nord de leur aire de distribution. Le Domaine se trouve par ailleurs à la frontière septentrionale du territoire bioclimatique de l'érablière à caryer cordiforme. Mais on y voit aussi des espèces que l'on retrouve habituellement plus au nord, telles que le sapin et l'épinette.

En fait, la ligne de démarcation entre les forêts des basses-terres du bassin Saint-Laurent Grands-Lacs et le début de la forêt boréale traverse le secteur de Kingsmere, donnant au couvert forestier son aspect si diversifié. Selon Agriculture Canada, Kingsmere se trouve dans la zone de rusticité 4-b (la rusticité d'une plante indique sa résistance aux rigueurs de l'hiver et aux autres facteurs météorologiques de la région où elle croît, comme les précipitations, la longueur de la saison sans gel, les températures extrêmes, la couverture neigeuse et le vent). Dans cette zone, les températures minimales se situent en hiver entre -35°C et -29°C.

Les collines de la Gatineau occupent le sud-est du bouclier canadien, considéré comme la plus ancienne formation rocheuse de la planète et composé de granite, de gneiss, de marbre et de syénite. Au Domaine, la couche de sol qui permet la croissance de la végétation est principalement d'origine non-calcaire, très mince et acide. Elle est constituée de terreau sablonneux, très pierreux, vallonné et généralement bien drainé.

Le lieu où se trouve le Domaine est connu sous le nom de « Kingsmere », comme le lac qui le borde au nord. Ce lac, d'une superficie de près de douze hectares, tire lui-même son nom du mont King qui le surplombe au sud-ouest. Il s'agit d'un lac privé qui appartient à ses riverains et à la Commission de la capitale nationale. Le Domaine est également irrigué par le ruisseau Larriault (Lauriault) qui a longtemps été la décharge du lac Kingsmere et qui est aujourd'hui celle du lac Mulvihill (créé par la construction d'une digue en 1949).

Comme le parc qui l'entoure, le domaine Mackenzie-King abrite plusieurs espèces de mammifères, oiseaux, poissons, insectes, et même quelques reptiles. La circulation automobile et l'activité des résidants et des visiteurs éloignent une bonne partie de la faune, mais il n'est pas rare d'observer la présence de ratons-laveurs, d'ours noirs, de cerfs, de castors, de mésanges ou de pics.

△ *L'escarpement d'Eardley.*

Le développement de l'Outaouais

Un pays de cueillette, de chasse et de pêche

Pendant des siècles, les collines de la Gatineau constituent un réservoir de ressources pour les nomades algonquins qui vivent dans cette région de chasse, de pêche et de cueillette. Le confluent des rivières des Outaouais et Gatineau est un lieu de rencontres, d'échanges et parfois même de guerres entre les peuples qui habitent le bassin Saint-Laurent Grands-Lacs.

Au début du XVIIe siècle, Étienne Brûlé est le premier Européen à affronter les eaux tumultueuses de la rivière des Outaouais. Samuel de Champlain

reconnaît rapidement l'immense potentiel de la région. Il s'attache les Algonquins qui trappent et préparent les fourrures pour les échanger ensuite contre des objets manufacturés provenant d'Europe.

Le territoire est bientôt sillonné par des centaines d'explorateurs en quête d'un passage vers l'Ouest et de coureurs des bois attirés par l'abondance des fourrures. L'un d'eux, Nicolas Gatineau, notaire à Trois-Rivières, s'aventure vers 1650 dans les terres situées près de l'actuel Parc. On prétend qu'il se serait noyé dans la rivière qui porte aujourd'hui son nom.

L'attrait du bois

À l'époque de la Nouvelle-France et même au début de l'occupation britannique, la région de l'Outaouais est fermée à la colonisation parce que les autorités veulent protéger le commerce des fourrures et éviter les conflits avec les Amérindiens.

En 1800, Philemon Wright, un entrepreneur de la Nouvelle-Angleterre, dirige pour la première fois l'établissement de colons dans la région. En raison de la pauvreté des terres et du contexte politique de l'Empire britannique, l'exploitation de la forêt remplace rapidement l'agriculture comme activité écono-

mique principale. Plus tard, d'autres entrepreneurs viennent à leur tour exploiter l'énorme potentiel des forêts de la Gatineau.

Ils négligent d'abord le territoire de l'actuel parc de la Gatineau, car la forêt y est moins généreuse et surtout plus difficile d'accès que le long de la rivière. C'est ce qui préserve pour quelque temps les richesses ligneuses des hauteurs. Cependant, après avoir dépouillé les forêts de la vallée de leurs plus beaux spécimens, ils coupent aussi les arbres des collines.

C'est au moment de la Première Guerre mondiale et surtout durant la Grande Dépression que les forêts connaissent leur plus grand péril. Il faut alors impérativement répondre aux besoins de l'industrie de guerre et assurer le chauffage des résidences.

△   *Le mont King.*

**Le peuplement du « Far West »
québécois**

Suite à l'exemple de Philemon
Wright, et parallèlement au peuplement des rives, l'intérieur des terres
est lui aussi occupé et exploité.
Ainsi, en 1822, Asa Meech, un pas-
teur venu de la Nouvelle-Angleterre,
s'installe avec sa famille sur une
terre de 200 acres (81 hectares)
située au sud du lac qui porte
aujourd'hui son nom. Il est l'un des
premiers occupants permanents du
territoire de l'actuel parc de la Gatineau. Prédicateur, médecin et édu-
cateur, Asa Meech demeure l'une
des figures marquantes de l'histoire
des collines de la Gatineau. À l'endroit même où il habitait subsiste
un chalet, dont on pense qu'il a été
bâti à l'aide d'éléments appartenant
à sa maison originale.

En 1824, William Jeff, un autre
Américain, s'installe sur la rive nord
d'un lac qui porte son nom jusqu'en
1884, date à laquelle il est rebaptisé
Kingsmere. Les Mulvihill, les Mur-
phy et d'autres familles d'origine
américaine, irlandaise ou écossaise
s'établissent autour du lac. Des

francophones comme les Lariault et les Fleury comptent également parmi les premiers arrivants. Plus tard, quand Kingsmere devient un lieu de villégiature, ces familles jouent le rôle de pourvoyeur de services de toutes sortes.

L'ère industrielle

Avec la construction des canaux s'ouvre l'époque industrielle dans l'Outaouais. En 1826 débute le creusement du canal Rideau, du côté ontarien de la rivière des Outaouais, qui donne à la région une importance économique et militaire de premier plan. Le choix d'Ottawa comme capitale du Canada-Uni en 1857 est d'ailleurs en grande partie lié à la présence de cette infrastructure. Les canaux de Carillon et Greenville, construits en aval et mis en service à la fin des années 1830, rendent la rivière navigable de Hull jusqu'à Montréal, facilitant le développement de l'ouest du Québec.

Comme partout ailleurs, les chemins de fer sont en Outaouais un facteur d'industrialisation fondamental. Le démarrage est lent, mais vers 1885 le *Ottawa and Gatineau Valley Railroad* atteint les collines de la Gatineau. Il contribue autant à faire sortir les richesses naturelles de la région qu'à y faire entrer les milliers de nouveaux habitants.

L'industrie du bois reste, tout au long du XIXe siècle, la principale activité économique, mais elle évolue. Le bois équarri du début du siècle est progressivement transformé sur place en bois d'œuvre, pâtes à papier et produits dérivés (comme les allumettes) et de grandes usines s'établissent dans les principaux centres.

Le secteur minier connaît aussi un essor considérable. Grâce au sous-sol riche en quartz, les ressources de phosphate, de fer, de marbre et de mica abondent en Outaouais. Entre 1885 et 1920, des mines de mica sont exploitées à Kingsmere et au lac Pink. Très en demande, ce minerai est surtout utilisé dans l'industrie de l'électricité, pour ses remarquables propriétés isolantes.

△ *Le lac Kingsmere.*

▷ *Le lac Meech.*

▽ *La drave.*

« Carbide » Willson

Une page haute en couleurs de l'histoire industrielle du parc de la Gatineau est écrite par Thomas L. Willson, surnommé « Carbide » Willson. À 21 ans, il dépose son premier brevet d'invention et plus tard, au cours de recherches sur l'aluminium, il découvre une façon économique de produire de l'acétylène, un gaz douze fois plus brillant que le gaz naturel quand il est utilisé pour l'éclairage.

En 1907, Thomas L. Willson s'installe au bord du lac Meech. Il achète un domaine où il construit sa résidence, un barrage, un laboratoire et un immense condensateur d'acide phosphorique. En 1915, alors que l'inventeur est au bord de la faillite à cause du coût de ses recherches, il meurt à New York d'une crise cardiaque. Les ruines de ses installations se dressent encore sur le ruisseau Meech et c'est dans son ancienne villa qu'ont été négociés en 1987 les accords qui ont rendu célèbre le lac Meech.

La création du parc de la Gatineau

La dernière décennie du XIXe siècle voit les collines se transformer en lieu de villégiature. Des dizaines de citadins s'installent à l'entour des lacs Meech et Kingsmere. Puis, dans les années 1920, le Ottawa Ski Club aménage des sentiers au Camp Fortune. Des voix se font alors entendre auprès des gouvernements afin de préserver ce qui reste de la nature sauvage des collines de la Gatineau.

Dès 1903, l'architecte paysagiste Frederick Todd suggère la création d'un parc naturel au nord de Hull. Dix ans plus tard, la Commission Holt propose elle aussi l'aménagement d'un parc dans les collines de la Gatineau, mais la Première Guerre mondiale empêche la réalisation de ces recommandations.

En 1927, le gouvernement de Mackenzie King met sur pied la Commission du district fédéral, qui prend la relève de la Commission d'embellissement d'Ottawa, créée en 1899 par sir Wilfrid Laurier. À partir de 1937, la Commission entreprend d'acheter des terrains pour constituer le parc de la Gatineau. En deux ans, plus de 16 000 acres (6475 hectares), des boisés et des fermes, sont acquis entre l'escarpement d'Eardley et le lac Meech.

△ Le parc de la Gatineau est situé à quelques enjambées ou coups de pédale du centre-ville de Gatineau et d'Ottawa. Cette proximité rehausse considérablement la qualité de vie des citadins.

En 1936, Mackenzie King recrute l'architecte et urbaniste français Jacques Gréber et lui confie le mandat d'élaborer une vaste étude et un plan d'aménagement de la région de la capitale fédérale. Le travail de Gréber est retardé par la guerre mais, en 1949, la Commission du district fédéral publie un rapport dans lequel elle propose une série de mesures pour faire de la région d'Ottawa « la Washington du Nord ». Son plan préconise notamment l'agrandissement du parc de la Gatineau, auquel on

attribue un triple mandat : la conservation du patrimoine naturel et culturel, son interprétation et l'aménagement d'un lieu de récréation. En quelques décennies, la superficie du Parc passe de 16 000 à 88 000 acres (de 65 à 356 km²), sa dimension actuelle.

Jacques Gréber
(1882-1962)

Conseiller spécial du Comité d'aménagement de la capitale nationale, Jacques Gréber a donné son nom au plan qui a radicalement transformé le visage d'Ottawa et de sa région dans les années 1950. C'est à cette éminente figure de l'urbanisme nord-américain que l'on doit notamment la disparition des chemins de fer qui lacéraient le centre-ville, la création d'une ceinture de verdure pour baliser la croissance urbaine et bien sûr l'agrandissement du parc de la Gatineau. Ce faisant, il s'est efforcé de réaliser l'idéal d'une véritable capitale, une cité moderne qui soit «le reflet, le symbole de la nation toute entière».

La famille King
et la famille Mackenzie

William Lyon Mackenzie King est né à Berlin, aujourd'hui Kitchener, dans le sud de l'Ontario.

Son grand-père paternel, John King, est Écossais d'origine et soldat dans l'armée britannique. Arrivé au Canada vers 1834, il combat les rebelles du Haut-Canada en 1837 et meurt en 1843, quelques mois avant la naissance de son fils John.

Celui-ci quitte le Bas-Canada (Québec), s'installe dans la région de Toronto et, en 1872, épouse Isabel Grace Mackenzie. Avocat, puis professeur à l'Université de Toronto, passionné de politique, organisateur au Parti libéral, il guide, grâce à ses contacts, les premiers pas de Mackenzie King en politique.

Malgré la bonne situation de John, la famille King n'est pas riche ; elle n'a même jamais possédé sa propre maison. Mackenzie King s'en souvient avec émotion lorsqu'il achète son premier terrain, en 1903.

En 1916, John King fils meurt à Toronto. Mackenzie King demeure très attaché au souvenir de son père. Il lègue par testament 15 000 $ à l'Université de Toronto, dans une fondation qui porte le nom de John King.

Le grand-père maternel de Mackenzie King, William Lyon Mackenzie, est un personnage important dans l'histoire du Canada. D'origine écossaise, il est né à Dundee en 1795 et a émigré au Canada en 1820.

Isabel Grace Mackenzie

La mère de Mackenzie King, Isabel Grace Mackenzie, est la treizième enfant de William Lyon Mackenzie. Née à New York et rentrée au Canada à l'âge de six ans, elle garde toute sa vie un souvenir amer des humiliations subies par son père. En 1872, elle épouse John King et s'installe à Kitchener. Le couple a quatre enfants, dont le deuxième reçoit comme prénoms William Lyon Mackenzie en l'honneur de son illustre grand-père. Isabel Grace Mackenzie meurt à Ottawa en 1917 ; elle est enterrée à Toronto, aux côtés de son mari.

▷ *Isabelle Grace Mackenzie assise devant la cheminée. Mackenzie King laissait en permanence une lampe allumée devant ce portrait de sa mère.*

◁ *Mackenzie King en compagnie de sa mère à Kingsmere.*

Très tôt, il s'intéresse à la politique et fonde un journal, *The Colonial Advocate,* dans lequel il critique vigoureusement les autorités en place. En 1828, il est élu à l'Assemblée législative du Haut-Canada (Ontario) et devient, en 1834, le premier maire de Toronto. En 1837, à l'instar de Louis-Joseph Papineau dans le Bas-Canada (Québec), il organise et dirige une rébellion contre le pouvoir britannique. Mis hors la loi, il s'exile aux États-Unis et vit à New York où naissent, dans la misère, certains de ses enfants, dont la cadette, Isabel. Amnistié en 1849, W. L. Mackenzie rentre au Canada. Il est réélu à l'Assemblée législative du Canada-Uni de 1851 à 1858, et meurt à Toronto en 1861.

◁ *Isabel Grace Mackenzie, John King et W. L. Mackenzie King, au début des années 1910.*

William Lyon Mackenzie King

1874-1950

Mackenzie King naît le 17 décembre 1874. De 1886 à 1893, la famille King vit à Woodside, près de Kitchener, dans une coquette villa campagnarde devenue aujourd'hui lieu historique national. C'est là qu'il prend goût à l'horticulture et au jardinage. Comme sa famille, il est de confession presbytérienne et se montre toute sa vie très assidu dans sa pratique religieuse.

Un jeune homme à l'avenir prometteur

En 1891, il entreprend des études universitaires et, en moins de sept ans, il obtient un baccalauréat en sciences sociales, une licence en droit et deux maîtrises, dont l'une de Harvard au Massachusetts, où il complète aussi, de 1898 à 1909, des études doctorales en sciences sociales. Il est le seul premier ministre de toute l'histoire du Canada à avoir atteint ce niveau d'éducation.

C'est au cours de ses études universitaires que Mackenzie King aborde le thème qui est à l'origine de toute sa carrière politique. Il s'intéresse aux conditions de vie misérables des travailleurs non spécialisés de Chicago et de Toronto et découvre que, dans la capitale de l'Ontario, le ministère canadien des Postes accorde des contrats de fabrication d'uniformes à des entreprises qui font travailler des ouvrières dans des conditions proches de l'esclavage. En 1896, grâce à son père, il obtient une rencontre avec le ministre Mulock et le persuade de légiférer pour mettre fin à cette situation inacceptable. Le ministre lui confie alors la tâche d'enquêter officiellement sur ce problème. Dès lors, Mackenzie King se fait connaître comme l'un des tout premiers spécialistes en relations de travail d'Amérique du Nord.

Des débuts fulgurants

« Le XXe siècle sera celui du Canada ! » a déclaré avec enthousiasme sir Wilfrid Laurier. Il aurait pu tout aussi bien dire : « Le XXe siècle sera le siècle de Mackenzie King ! » tant le siècle commence bien pour le jeune étudiant de Harvard. En effet, à l'été de 1900, Mackenzie King poursuit un voyage d'études en Europe quand on lui offre de prendre la direction d'un nouveau journal : *La Gazette du travail*. Peu après, on lui propose le poste de sous-ministre du Travail. Installé à Ottawa, Mackenzie King agit

comme médiateur dans des dizaines de conflits, organise le ministère, écrit la première loi cadre sur les relations de travail, accomplissant ainsi sa tâche d'une façon que Laurier juge admirable.

En 1908, à l'approche des élections, sir Wilfrid Laurier ne met pas longtemps à persuader Mackenzie King de tenter sa chance comme candidat du Parti libéral dans Waterloo-Nord, près de sa ville natale. Mackenzie King est élu et, après un court apprentissage comme simple député, il est nommé ministre du Travail. Le jeune homme exulte ! Il est en passe de réaliser la mission que sa mère lui a confiée.

Pourtant le triomphe est de courte durée. En 1911, sir Wilfrid Laurier déclenche des élections hâtives et perd le pouvoir au profit du Parti conservateur de Robert Borden. Battu dans son comté, Mackenzie King retourne à la case départ de sa carrière politique.

Heureusement, son expertise du monde du travail lui permet d'être recruté par la Fondation Rockefeller, afin d'agir comme

◁ *Mackenzie King âgé de 7 ans (assis, à droite),*
   en compagnie de ses deux sœurs, Bella et Jennie, et de son frère aîné, Max.

médiateur et conseiller expert dans les nombreux conflits qui perturbent les entreprises du milliardaire américain. De 1914 à 1917, il partage son temps entre les États-Unis et Kingsmere, où il passe fidèlement presque tous ses étés.

En 1917, Mackenzie King se lance dans la lutte électorale aux côtés de Laurier qui dirige un Parti libéral décimé par la crise de la conscription. Il est l'un des rares ministres anglophones à rester fidèle à son chef. « Le Canada français ne l'oubliera jamais », lui dit alors Laurier. La défaite est cependant cinglante : Mackenzie King est battu dans son comté.

Une légende politique

Mackenzie King reprend ses fonctions auprès de la Fondation Rockefeller, jusqu'à la mort de sir Wilfrid Laurier, le 17 février 1919. Quelques mois plus tard, en juillet 1919, pour la première fois dans l'histoire du Canada, un chef de parti est choisi par les délégués lors d'une convention. Mackenzie King est élu grâce à l'appui des Canadiens français. Deux ans plus tard, il devient le dixième premier ministre du Canada.

De 1921 à 1926, Mackenzie King s'efforce d'asseoir son autorité sur le Parti libéral. Minoritaires en 1921, les Libéraux perdent les élections de 1925. Ils se maintiennent au pouvoir grâce à l'appui des Progressistes et remportent l'élection générale de 1926 avec une confortable majorité. En 1930, ils sont battus par les Conservateurs de Richard Bennett, lequel devient le bouc émissaire des pires moments de la Grande Dépression. En 1935, Mackenzie King revient donc en force au pouvoir, qu'il occupe jusqu'à sa retraite en 1948.

Mackenzie King détient le record de longévité au titre de premier ministre. En dépit des crises économiques et sociales, des scandales, de la Deuxième Guerre mondiale et de la crise de la conscription, il demeure près de 22 ans à la tête du gouvernement canadien. Il est le seul chef de gouvernement d'un pays démocratique à être réélu après la Deuxième Guerre mondiale. En 1948, il laisse à Louis Saint-Laurent un Parti libéral en pleine santé et se retire à Kingsmere.

Le 22 juillet 1950, à 75 ans, Mackenzie King meurt dans le domaine qu'il a aimé passionnément. Longtemps, il a caressé le projet de se faire inhumer à Moorside, sous l'Arc de triomphe, mais il se ravise et demande à être enterré aux côtés de sa famille, à Toronto. Resté célibataire, Mackenzie King ne laisse aucun héritier direct.

△ *Mackenzie King, Franklin D. Roosevelt et Churchill lors d'une séance de pose devant la citadelle de Québec, durant l'une des conférences de 1942 et 1944.*

▽ *Sir Wilfrid Laurier : le modèle politique de Mackenzie King.*

◁ *Mackenzie King nommé ministre du Travail à 35 ans.*

Le propriétaire de Kingsmere

La vie de chalet

C'est le jour de l'Action de grâce de 1900 que Mackenzie King se rend pour la première fois à Kingsmere, à bicyclette. Trois ans plus tard, il achète un terrain d'environ un hectare sur la rive sud du lac. Il construit un modeste chalet de quatre pièces où il n'a même pas assez d'espace pour loger ses invités. Quand il reçoit des visiteurs, il prend plaisir à camper dans une tente, plantée en permanence tout près du chalet. Il baptise cet endroit « Kingswood », à partir de son propre nom ou par analogie avec le lac Kingsmere.

La principale fantaisie que se permet alors Mackenzie King est la construction dans son chalet d'une réplique de la cheminée de William Shakespeare qu'il a vue à Stratford-Upon-Avon, en Angleterre. Il dédie ce foyer à son grand ami Bert Harper, mort noyé en 1901 en tentant de sauver une jeune fille en péril sur les glaces de la rivière des Outaouais.

Pendant les quinze premières années de son séjour à Kingswood, Mackenzie King réalise peu d'aménagements paysagers. Il se contente des coupes d'arbres nécessaires pour accéder au chalet et au lac, et plante des fleurs et quelques vignes.

La situation change quand Mackenzie King débute sa carrière de médiateur pour la Fondation Roc-

kefeller. Dès 1916, il restaure et agrandit son chalet en y ajoutant trois chambres et en renouvelant l'ensemble de la finition intérieure. Il enjolive sa pelouse d'un cadran solaire et d'un bain d'oiseaux. En 1917, il construit un quai sur le lac Kingsmere et le dédie à la mémoire de son père, décédé l'année précédente. Il érige aussi un hangar à bateau en l'honneur de sa mère, alors très malade, qui consacre elle-même péniblement les deux constructions.

« Elle baptisa le quai "John" en plongeant sa main dans l'eau pour l'asperger, et quand elle l'eut fait, poussa un petit cri qui était à moitié un rire, à moitié un cri. Puis elle baptisa le hangar à bateau "Isabel Grace Mackenzie". » (W. L. M. King, 26 août 1917)

Durant ses premiers étés à Kingswood, Mackenzie King pratique de nombreuses activités sportives : canotage, pêche, sports de raquette et baignade. Mais en vieillissant, il affectionne de plus en plus les activités mondaines, les longues promenades et les soirées de poésie ou de chant.

En 1921, Mackenzie King devient premier ministre du Canada. Dès lors s'amorce un développement radical de sa propriété de Kingsmere. En 1922, il achète trois terrains voisins et un chalet, qui devient celui des invités. L'année suivante, il fait ériger un garage pour abriter la première voiture officielle du gouvernement canadien.

△ Le hangar à bateau construit en 1917.

▷ Mackenzie King est jusqu'en 1921 un fervent adepte des sports nautiques. Il partage, sur cette photo, son canot avec son amie Joan Patteson.

De *gentleman farmer* à maître d'un domaine

En 1924, Mackenzie King entreprend la seconde rénovation de son chalet de Kingswood, afin de l'adapter à ses besoins de premier ministre. Il se lance aussi dans d'importants travaux d'aménagements paysagers et dessine le premier jardin du Domaine.

Pour planifier ses aménagements, comme pour tous ses projets personnels importants, Mackenzie King passe par des phases émotives très contrastées. L'enthousiasme fébrile des débuts laisse place à une période de totale remise en question qui aboutit finalement à une solution plus réaliste, dictée par un puissant réflexe de prudence financière. Ainsi, à Kingswood, Mackenzie King se laisse d'abord convaincre de réaliser des plans très élaborés exigeant la plantation d'arbres, d'arbustes et de massifs floraux tout le

long du chemin en méandres. C'est ce que propose John Macoun, l'horticulteur en chef de la ferme expérimentale d'Ottawa en 1922. Mais Mackenzie King écarte finalement ses recommandations, engage son propre artisan jardinier et modèle lui-même le paysage de Kingswood d'une façon beaucoup plus intuitive, sans plan directeur et en limitant considérablement les dépenses.

Quelques mois après le début des travaux, Mackenzie King achète aussi les terrains et le chalet des Herridge, ses voisins et amis. Il ambitionne dès lors de devenir le propriétaire d'un véritable domaine campagnard. Au cours des huit années suivantes, il acquiert environ 165 hectares, y compris une ferme et ses dépendances qu'il nomme « Meadow » et un troisième chalet nommé « Shady Hill », qu'il loue à ses amis, les Patteson.

En 1927, Mackenzie King décide de rénover les bâtiments de ferme qu'il vient d'acquérir et de les rétablir dans leurs fonctions initiales. Cette expérience lui procure à la fois de grandes joies et de profondes déceptions. Il se lance dans l'élevage des moutons, mais son petit troupeau est décimé par la maladie. Dès lors, il se consacre à l'élevage des volailles, une activité qui semble

moins hasardeuse. Il aménage également sur sa ferme un potager et un verger où croissent avec succès pommiers, framboisiers et pruniers. On y récolte des fraises, des melons et une grande variété de légumes qui font le bonheur du maître des lieux. Mackenzie King apprécie les ressources qu'il tire de son exploitation, mais il est surtout enchanté par l'aspect pastoral que la Ferme donne à son domaine campagnard. L'incorrigible romantique ne se lasse guère de goûter la douceur du paysage bucolique qu'offrent le pré, le potager, le verger et les bâtiments de ferme.

Désormais propriétaire d'un vaste domaine, qu'il veut l'un des plus beaux au Canada, Mackenzie King consacre de plus en plus de temps à restaurer les bâtiments et à aménager les jardins de Moorside.

En 1928, Mackenzie King quitte définitivement Kingswood pour s'installer à Moorside. Il loue ou prête à ses proches les chalets qu'il n'utilise plus. C'est à Moorside, au cœur de son domaine, qu'il réalise son rêve d'architecte paysagiste. La plupart des aménagements, dont la construction des ruines qui donnent au Domaine son caractère unique, sont effectués entre 1930 et 1937, les années où il a été écarté du pouvoir et celles qui suivent son retour au commandes du pays.

Mackenzie King consacre aussi beaucoup de temps à la Ferme. Il la fait transformer en maison habitable à longueur d'année et s'y installe définitivement en 1943. Moorside devient alors un chalet pour ses invités, mais il continue à en entretenir soigneusement les pelouses, jardins et sentiers.

△ *La Ferme.*

▽ *Les jardins de Moorside en 1929.*

▷ *La Ferme à l'époque de Mackenzie-King.*

▽ *Mackenzie King avec son troupeau.*

Un homme de son siècle

Pour apprécier la personnalité du Domaine, il faut connaître le caractère de Mackenzie King et comprendre comment il a été influencé par les grandes tendances de son époque. Mackenzie King est né au XIXᵉ siècle, le siècle du romantisme. Bien plus qu'un courant littéraire, ce mouvement l'a influencé dans sa façon d'être. Les romantiques donnent libre cours à leur imagination et à leur sensibilité individuelle. Le mouvement se caractérise par sa rupture avec les règles et les modèles classiques, par son admiration pour les cultures antiques grecques et romaines, par son retour à la nature et sa recherche de la beauté dans ses aspects originaux et particuliers.

Mackenzie King s'alimente en idées et images romantiques chez les grands auteurs anglais — Scott, Wordsworth, Coleridge, Byron, Shelley — et chez le poète écossais Robert Burns. Porté par son enthousiasme, le propriétaire de Kingsmere se prend parfois à rêver de reproduire des paysages de romans ou de grands domaines romantiques comme celui de Walter Scott.

Chez Mackenzie King, le romantisme s'accompagne d'un sentiment religieux très profond. Même

aménagée par l'homme, la nature est toujours pour lui une œuvre divine. La forêt et les ruisseaux qui la traversent, la course d'un cerf dans les champs, les fleurs printanières perçant la neige ou l'harmonie du vol d'une mésange : toutes ces merveilles sont pour lui des manifestations divines. Ses aménagements paysagers sont donc pensés et réalisés pour témoigner de cette signification mystique.

Mackenzie King considère aussi son domaine comme un havre de paix où règnent la beauté et un silence qui fait oublier les plus lourds soucis. Il s'émerveille de chaque trouvaille : un rocher erratique en forme de castor, une caverne mystérieuse, un ruisseau impétueux, une chute semblable à un voile de mariée...

△ Mackenzie King pose devant le rocher erratique dont la forme rappelle celle d'un castor.

▷ Les jardins de Moorside en 1937.

« Jamais je n'ai été frappé aussi profondément par la présence partout immanente d'un Dieu infini qui habite à la fois l'éternité et cet instant délicieux. La nature dans toute sa pureté et sa beauté proclame de tous côtés la magnificence de Son œuvre ; mon âme se délecte d'une communion avec Sa création que les mots ne peuvent exprimer. »

(W. L. M. King, 1896)

« Je pouvais à peine croire qu'il m'était possible d'être l'heureux propriétaire de cet endroit, avec ces montagnes, ces forêts, ces vallées lointaines, ce ciel grandiose [...] et la splendeur de la maison et des pelouses. »

(W. L. M. King, 1935)

Un être à l'affût des signes de la nature

Plusieurs historiens ont souligné le caractère complexe de Mackenzie King, faisant grand cas des pratiques jugées superstitieuses de l'ancien premier ministre. Pourtant, de son vivant, seuls certains proches savent qu'il s'adonne au spiritisme. Le fait devient notoire après sa mort, lorsque des extraits de son journal personnel sont rendus publics. Qu'est-ce qui pousse un homme politique de ce calibre à consulter l'au-delà ? Animé d'une profonde foi presbytérienne, Mackenzie King croit à la prédestination et à la survivance de l'esprit après la mort. Il est sincèrement convaincu d'être chargé d'une mission : réussir là où son père, John King, et son grand-père, William Lyon Mackenzie, ont échoué. Il consacre sa vie entière à l'accomplissement de sa vocation politique, n'hésitant pas à lui sacrifier, parfois sur l'insistance de sa

mère, sa propre vie amoureuse. Lorsqu'en moins de six ans, il voit mourir successivement sa sœur, son père, sa mère et son frère, sans compter Wilfrid Laurier qui a été son guide politique, il se retrouve presque seul au monde. Il se tourne donc de plus en plus vers cet au-delà où s'en sont allés presque tous les êtres qu'il a admirés ou chéris.

En 1930, quand la Grande Dépression bouleverse le monde occidental et provoque sa propre

défaite, Mackenzie King traverse une période de grand désarroi. Comme ses contemporains, il cherche des réponses aux graves questions qui l'habitent. Foncière-ment pacifique, extrêmement sensible et spirituel, il choisit d'explorer le monde des sciences occultes plutôt que d'adhérer à un extré-misme de gauche ou de droite.

Son attachement quasi supersti-tieux aux signes et aux symboles de l'au-delà est un trait de son époque. Né au milieu du romantisme du XIXe siècle, le spiritisme moderne connaît une nouvelle vogue après la Première Guerre mondiale et sur-tout pendant les années de crise.

Mackenzie King consulte des voyantes, des médiums et des car-tomanciennes, mais il se méfie de ces prétendus « spécialistes ». Il se montre donc très enthousiaste quand, en 1933, l'archiviste natio-nal Arthur Doughty l'initie au spiri-tisme avec une petite table tour-nante. La flexibilité et la discrétion de cette méthode lui plaisent. Il organise plusieurs soirées de spiri-tisme à la maison Laurier et à King-smere. Il recherche surtout le réconfort et des témoignages d'af-fection de ses proches et des per-sonnes qu'il admire. Aucun histo-rien n'a prétendu qu'il ait utilisé ces pratiques pour prendre des déci-sions politiques importantes.

À partir de son retour au pouvoir, en 1935, il consacre de moins en moins de temps à cette activité et préfère employer ses rares moments de loisirs à améliorer et à embellir son domaine.

Testament et loi fédérale

Le 22 juillet 1950, âgé de 75 ans, William Lyon Mackenzie King meurt à Kingsmere. Il lègue au gouvernement canadien le domaine qui lui a permis de supporter les pressions de la vie publique. Il demande que les 231 hectares de terrains soient maintenus autant que possible dans leur état original et deviennent un parc public et un sanctuaire pour la faune et la flore qui y vivent.

Pour ce qui est des bâtiments, il souhaite que le gouvernement canadien en transforme une partie en résidence estivale pour les premiers ministres du Canada qui lui succéderont. Il exige aussi de ses exécuteurs testamentaires qu'ils consacrent les sommes nécessaires à l'entretien des chalets et des dépendances pour une période de trois ans, afin que ses parents et amis puissent continuer à y séjourner gratuitement.

En 1951, le gouvernement de Louis Saint-Laurent accepte le legs de Mackenzie King en votant une loi qui crée officiellement le parc Kingsmere. Le texte prescrit que la Commission du district fédéral (aujourd'hui la Commission de la capitale nationale) gère la propriété en la préservant le plus possible dans l'état où elle a été léguée.

Des jardins fidèles à leur époque

Le Domaine que Mackenzie King a imaginé combine diverses influences qui synthétisent plusieurs chapitres de l'histoire des jardins en Amérique du Nord. À l'époque de la Nouvelle-France, les jardins de style français dominent. Puis, au XIXᵉ siècle, les grands marchands britanniques introduisent peu à peu la mode du jardinage à l'anglaise dans la vallée du Saint-Laurent. Le style de l'école dite pittoresque s'impose alors.

Originaire d'Angleterre, ce type de jardin est la manifestation concrète du mouvement romantique dans l'art du jardinage. On dispose sur les pelouses, de façon parfaitement géométrique, des annuelles préalablement fleuries en serre. Contrairement au formalisme français, les jardins pittoresques sont généralement installés dans des paysages spectaculaires, en préservant divers éléments naturels : boisés, bosquets, plans d'eau ou sentiers sinueux. C'est le mariage de l'art avec la nature. L'ère victorienne ajoute la mode des pelouses décorées d'objets hétéroclites : urnes, pergolas, bains d'oiseaux, statues, arches, ruines, etc.

Malgré l'engouement que suscitent ces jardins, des voix contestataires s'élèvent vers la fin du XIXᵉ siècle, notamment celles de William Robinson et de Gertrude Jekyll. Ces théoriciens élaborent une nouvelle approche, fondée sur un véritable retour à la nature. La culture de plantes vivaces, l'aménagement de rocailles et de sentiers dans des boisés conservés à l'état sauvage sont typiques de cette tendance.

Au Canada, les parcs et jardins publics sont encore très rares au XIXe siècle. Les cimetières constituent souvent le seul espace public de verdure dont disposent les citadins. Après plusieurs décennies d'industrialisation, d'immigration et d'urbanisation, un important mouvement nord-américain d'assainissement des villes prend son essor. Le concept de «City Beautiful» émerge dans le dernier tiers du XIXe siècle. Il préconise l'em-bellissement des villes industrielles par l'élargissement des rues, l'aménagement de parcs et la plantation d'arbres et de fleurs le long des boulevards.

C'est dans cet esprit que sir Wilfrid Laurier crée en 1899 la Commission d'embellissement d'Ottawa. Plusieurs plans d'aménagement, comme ceux de Frederick Todd et de Jacques Gréber, préconisent la création d'un réseau de parcs autour d'Ottawa. Mackenzie King adhère rapidement à cette idée et prend une série de décisions qui mènent à la création du parc de la Gatineau et à la protection perpétuelle de son propre domaine, transformé en parc public.

▷ *La Forge, construite dans les années 1930, au plus fort de la crise économique, pour subvenir aux besoins de la Ferme.*

VISITE DU DOMAINE

Le visiteur qui arrive au domaine Mackenzie-King est d'emblée enveloppé d'une atmosphère particulière qui change de couleur selon l'heure du jour, le climat et les saisons, et qui dispose à la communion avec la nature. Dès l'aire de stationnement, il peut se faire une idée de l'envergure du site et de l'histoire de son concepteur en parcourant les panneaux introductifs. Il emprunte ensuite le chemin d'accès principal, puis tourne sur sa droite, en direction du lac Kingsmere. De chaque côté, des murs de pierres sèches ou de maçonnerie guident ses pas vers Kingswood.

Partout sur le Domaine, ces murs marquent les limites de la propriété et séparent les différentes

formes de paysage : chemin, forêt et champ. Construits par des entrepreneurs locaux ou par des chômeurs engagés pendant la grande crise des années 1930, ils se sont transformés au rythme des agrandissements du Domaine, changeant d'emplacement, de hauteur et de technique de fabrication. Une bonne partie de ces murs est malheureusement disparue : comme il est peu probable que les pierres se soient désintégrées, il y a fort à parier que certaines personnes ont sur leur terrain des « souvenirs » du Domaine. Espérons que le souci de conservation du patrimoine, aujourd'hui mieux intégré dans la population, contribue à préserver ce qui reste de cet héritage.

Kingswood

Le visiteur fait bientôt face à de hautes barrières de cèdre peintes en blanc et soutenues par des tours de pierres carrées. Il existe huit paires de barrières de ce genre au Domaine. À l'origine, les murs de pierres, de chaque côté, étaient de la même hauteur que les tours. On retrouve ce style de tours à l'entrée de plusieurs résidences de la région.

L'entrée de Kingswood donne sur un chemin rural nommé simplement « rang 7 » à l'époque de Mackenzie King et maintenant connu sous le nom de chemin Barnes. Miles Barnes était un ermite excentrique qui vivait dans une cabane au bout de ce chemin et à qui l'ancien premier ministre aimait rendre visite.

Le garage de Kingswood

Un large chemin de gravier, tout en méandres, traverse Kingswood. À peine engagé, le promeneur re-marque de chaque côté deux étangs très peu profonds, envahis de fougères et de repousses de jeunes feuillus. Le chemin est bordé de pierres, vestiges des murs et du

pont qui se trouvaient là avant que Mackenzie King ne fasse élargir le sentier pour le rendre carrossable.

La courte traversée du sous-bois planté d'érables, de bouleaux et de quelques pins majestueux permet d'apprécier le concert de couleurs qu'offre la forêt, du vert tendre de juin aux rouille, pourpre et orange d'octobre. Le paysage s'ouvre bientôt sur un vaste espace où se dressent plusieurs bâtiments. On aperçoit d'abord le garage à double entrée, érigé en 1923 pour loger la voiture officielle du premier ministre.

De style pittoresque, ce bâtiment en planches de pin est orné de larges portes à battants et d'étroits balcons ; il est coiffé d'un toit de bar-

deaux de cèdre où perce une lucarne sur chaque versant. Le garage, comme tous les autres bâtiments de Kingswood et Moorside, est peint en jaune et blanc. Le rez-de-chaussée sert actuellement de salle de projection : on y présente des films sur la vie et l'époque de Mackenzie King. L'étage est resté tel qu'il était en 1923 et comprend trois chambres aménagées pour le personnel.

△ Le chalet des invités (à gauche) et le garage de Kingswood (au fond, à droite) sont nichés dans le sous-bois.

◁ Le propriétaire de Kingswood aimait beaucoup accueillir ses visiteurs à l'entrée de son domaine.

Les jardins de Kingswood

Passé le garage, on aperçoit plusieurs aménagements qui ont fait la joie de Mackenzie King et enchantent encore aujourd'hui la plupart des visiteurs. Au centre d'un espace gazonné, planté de quelques arbres où la lumière passe librement, se dresse une pergola de cèdre peinte en blanc. Autrefois couverte de vignes, elle supporte aujourd'hui des paniers qui débordent de pétunias (*Petunia x hybrida*), de lobélias (*Lobelia erinus*), de bégonias (*Begonia semperflorens*), d'agérates bleues (*Ageratum houstonianum*) et d'impatientes (*Impatiens walleriana*). Ces jardinières fleuries pallient agréablement au manque d'espace cultivable à Kingswood.

Parallèlement à la pergola, deux massifs rectangulaires de vivaces contrastent avec le vert de la pelouse. Ces plates-bandes marquent l'entrée d'un parterre complètement dégagé et fermé par un

mur de pierres de plus de deux mètres de haut. Le mur, qui marque la limite est de Kingswood, est prolongé par une clôture de cèdre peint qui grimpe à travers le boisé, en direction sud, jusqu'au chemin Barnes et descend, dans le sens opposé, jusqu'au lac. Par-dessus le mur se penchent quelques géants feuillus : érables (Acer saccharinum), bouleaux blancs (Betula papyrifera) et hêtres (Fagus grandifolia).

▽ Dans les deux plates-bandes du jardin Kingswood, on a replanté les vivaces qui y poussaient du temps de Mackenzie King : buglosse de Sibérie (Brunnera macrophyla), cœur-saignant (Dicentra eximia), hémérocalle 'Stella de Oro' (Hemerocallis 'Stella de Oro'), heuchère sanguine (Heuchera x brizoides), hosta parfumé (Hosta plantaginea), salicaire commune (Lythrum salicaria), fougère à l'autruche (Matteucia struthiopteris), impatiente (Impatiens), pulmonaire à feuilles étroites (Pulmonaria angustifolia), orpin remarquable (Sedum spectabile) et tradescantie de Virginie (Tradescantia virginiana).

Le chalet des invités et le lac Kingsmere

Le paysage invitant s'accorde bien avec la fonction des bâtiments. Le chalet des invités et le pavillon qui se trouve juste derrière lui ont été aménagés en 1922 pour répondre aux besoins protocolaires de Mackenzie King, élu premier ministre l'année précédente. Le chalet se distingue par la présence, sur ses façades ouest et nord, d'une large véranda offrant une magnifique vue sur le lac Kingsmere. Ce bâtiment comprend deux chambres, une vaste salle de séjour avec foyer et une cuisine qui donne accès au pavillon où était logé le personnel.

On traverse le chalet des invités pour accéder au lac.

La pente qui descend vers le lac est suffisamment abrupte pour rebuter ceux qui redoutent de remonter ensuite un escalier de plusieurs dizaines de marches. Pour les autres, le paysage vaut le détour. L'escalier serpente dans un boisé de jeunes pins et de bouleaux, avant de déboucher sur les bords du lac qui a tant charmé Mackenzie King.

Le lac Kingsmere, qui a probablement été créé par les riverains au XIXᵉ siècle, est l'un des attraits importants du Domaine. Le visiteur attentif remarque les vestiges des différents aménagements que

Mackenzie King y a effectués. Du côté est, on voit d'abord l'escalier de pierres menant autrefois à un hangar à bateau et à un quai, tous deux maintenant disparus.

Le sentier mène ensuite à un autre hangar à bateau, reconstruit selon le modèle original de 1917. Il porte le nom d'Isabel Grace, la mère de Mackenzie King qui l'a elle-même baptisé. C'est un attrayant bâtiment en planches de pin. On y trouve un vestiaire et un garage où est entreposé le canot qu'aurait utilisé Mackenzie King.

Plus loin, les vestiges d'un autre quai de pierres et d'un aménagement en terrasse, qui servait vrai-

semblablement aux sports de raquette, rappellent les fonctions récréatives du lieu. En retrait, on distingue un bâtiment carré, peint aux couleurs du Domaine ; c'est la station de pompage érigée en 1924 pour alimenter la propriété en eau.

Les ornements de Kingswood

En remontant l'escalier, on peut admirer le mât érigé en 1918 au sommet de la pente. L'*Union Jack*, qui y flotte encore, symbolise l'attachement profond de Mackenzie King à la culture et aux institutions britanniques, mais il témoigne aussi de l'acharnement déployé par l'ancien premier ministre pour obtenir l'autonomie du Canada.

Le cadran solaire est le « gardien du temps » au Domaine. Très populaire à l'époque, cet ornement rappelle l'une des plus tenaces manies de Mackenzie King, la mesure du temps et sa symbolique. Il trône un peu en retrait du sentier, dans l'un des rares espaces dégagés de Kingswood.

Enfin, le bain d'oiseaux représente également un ornement essentiel pour Mackenzie King. Les oiseaux qui y barbotent sont pour lui des messagers célestes venus lui apporter des signes et le conforter dans ses décisions. Ces trois éléments de décoration se retrouvent dans les autres secteurs du Domaine : Moorside, Shady Hill et la Ferme.

Le chalet principal

Au cœur de Kingswood, le chalet principal évolue au rythme de la carrière de Mackenzie King. Pendant près de quinze ans, il n'est qu'un modeste refuge où viennent s'abriter Mackenzie King et les siens après de longues journées en plein air.

Lorsque Mackenzie King devient conseiller spécial à la Fondation Rockfeller en 1916, puis lorsqu'il est

élu premier ministre en 1921, le chalet se transforme peu à peu en un cottage de sept chambres, orné d'un porche et d'une élégante véranda. À l'intérieur, ses murs sont recouverts de sapin de la Colombie-Britannique qui lui confère un charme et un raffinement incomparables.

Autour du chalet, les aménagements paysagers sont restés peu élaborés. Ce sont surtout les caractéristiques du terrain qui en sont responsables : le sol est pauvre et rocheux, l'endroit est boisé, peu ensoleillé, et une forte pente, peu propice aux aménagements horticoles, sépare le chalet du lac.

Si, comme l'a voulu son fondateur, Kingswood est resté le royaume de la forêt, le Domaine est toujours généreusement fleuri. Aux fleurs des jardinières s'ajoutent des fleurs sauvages ou naturalisées : muguet (*Convalaria majalis*), iris des marais (*Iris pseudacorus*), marguerites (*Leucanthemum chrysanthemum vulgare*), myosotis des marais (*Myosotis scorpioide*) et trilles blancs (*Trillium grandiflorum*).

△ *Emblème floral de l'Ontario, le trille blanc (*Trillium grandiflorum*) égaye les boisés du Domaine.*

Le Moor

En empruntant le chemin qui serpente sur le côté ouest de Kingswood, le visiteur se dirige vers Moorside, le cœur du domaine Mackenzie-King.

Au sud du chemin Barnes, qui sépare Kingswood de Moorside, on longe une pinède plantée de plusieurs rangées de majestueux pins blancs (Pinus strobus) et rouges (Pinus resinosa), eux-mêmes bordés, du côté sud, par une haie de pins de montagne (Pinus mugo mughus). Outre son effet esthétique, l'aménagement de la pinède offre une certaine protection contre les vents dominants dont Mackenzie King se plaint régulièrement. Cette barrière végétale protège

▽ *Moorside vu depuis le chemin Barnes en 1936. Au premier plan, les pins plantés par Mackenzie King mesurent moins d'un mètre de haut.*

L'empreinte des cataclysmes

Passée la vieille pompe à eau plantée au-dessus d'un puits désaffecté, de nombreuses souches attirent l'attention. Elles témoignent du passage d'une puissante tornade qui, en 1989, a dévasté ce secteur de Kingsmere. Plus de 300 arbres, dont plusieurs pins géants plantés par Mackenzie King, ont été déracinés en quelques secondes. Quelques années plus tard, le terrible verglas de janvier 1998 a décimé à son tour les boisés du Domaine. Si en été la nature camoufle la plupart de ces cicatrices, la chute des feuilles en automne permet de constater l'importance des dommages causés aux arbres.

Photos : Denis Messier

aussi son intimité en formant un écran opaque entre sa résidence et le chemin municipal.

Un autre chemin en méandres, fermé d'une paire de barrières typique du Domaine, traverse la pinède jusqu'à la vaste prairie appelée « Moor » en vieil anglais. L'espace, bien exposé à la lumière du sud, accueille en été un véritable festival de fleurs sauvages. Au milieu des herbes et des graminées s'épanouissent campanules (*Campanula* sp.), marguerites (*Leucanthemum*

chrysanthemum vulgare), vergerettes (*Erigeron* sp.), épervières (*Hieracium* sp.), surettes (*Oxalis stricta*), boutons d'or (*Ranunculus acris*), trèfles (*Trifolium* sp.), silènes (*Silene vulgaris*) et verges d'or (*Solidago canadensis*), dans une explosion de parfums et de couleurs à laquelle ne manquent pas d'assister insectes et oiseaux de toutes sortes.

Le Moor est un espace clos, fermé sur trois côtés par la lisière des arbres et sur le quatrième par un long mur en courbe fait de pierres des champs et bordé de vignes. De la fenêtre de sa chambre, Mackenzie King aimait admirer ce paysage ouvert sur des ciels changeants et dominé par le mont King, régnant sur les autres sommets de la Gatineau. Le champ est l'un des tableaux les plus éloquents du style pittoresque des jardins dessinés par l'ancien premier ministre.

◁ *De haut en bas : rudbeckie jaune (*Rudbeckia hirta*), silène enflé ou pétard (*Silene cucubalus*), vesce jargeau (*Vicia cracca*) et carotte sauvage (*Daucus carota*).*

Moorside

Le chemin qui borde le Moor ne révèle la maison d'été de Moorside que lorsque le visiteur est assez près pour en saisir tous les attraits. Cette vaste construction de bois présente un toit en forte pente fait de bardeaux de cèdre et orné de deux lucarnes sur chacun de ses versants. Une large véranda court sur la façade du bâtiment et se prolonge, jusqu'aux cuisines, en une pergola peinte en blanc et recouverte de vignes vierges (*Parthenocissus quinquefolia*).

Plus on s'approche du chalet, plus on découvre l'harmonie des aménagements paysagers qui l'entourent. Au-delà du mur de pierres qui sépare le Moor de l'espace habité, un large chemin de gravier contourne un cercle de pelouse au centre duquel se dresse un cadran solaire fixé sur un socle de ciment sculpté. La pelouse et le bâtiment sont encadrés par une rangée d'immenses pins blancs et rouges qui s'élèvent au-dessus des toits. Près du mât, du côté ouest du chalet, se dressent également deux spécimens impressionnants : une épinette blanche (*Picea glauca*) et une épinette du Colorado (*Picea pungens*). Ces arbres montent la garde autour de l'édifice depuis les années 1930.

La façade est abondamment décorée de fleurs annuelles et d'arbustes. De chaque côté, un trio de pins de montagne marque la transition entre l'escalier et les platesbandes qui ornent le pourtour du chalet.

Chaque année, plusieurs milliers de tulipes soulignent de façon spectaculaire l'arrivée du printemps dans les collines. Les tulipes du Domaine sont chargées d'une symbolique particulière puisque c'est sous Mackenzie King qu'est née la tradition des tulipes dans la capitale. Le Canada a reçu de la reine des Pays-Bas des dizaines de milliers de bulbes, en signe de reconnaissance pour l'asile qui avait été octroyé à sa famille durant la Seconde Guerre mondiale.

Quand vient l'été, les tulipes cèdent la place aux annuelles. Bégonias (*Begonia semperflorens*), géraniums (*Perlargonium x hortorum*) et pétunias (*Petunia x hybrida*) sont disposés soigneusement le long des fondations et fleurissent parfois jusque tard en septembre. Ces plates-bandes sont harmonieusement complétées par des arbustes disséminés parmi les conifères : lilas communs (*Syringa vulgaris*), lilas japonais (*Syringa reticulata*) et hydrangées arborescentes (*Hydrangea arborescens*).

Le musée et le salon de thé

La porte principale de la façade nord donne accès à l'étage de Moorside, transformé en musée. Des centaines d'artefacts ayant appartenus à Mackenzie King y sont présentés dans les quatre chambres qui ont conservé leur aménagement d'époque.

On peut y admirer entre autres un lit provenant de l'hôtel Ritz, à Londres, la reproduction de la table de travail du poète écossais Robbie Burns, des clichés du célèbre photographe Yousuf Karsh, un poste de radio Marconi des années 1920, des anges et un banc provenant de l'abbaye de Westminster.

Au rez-de-chaussée, un charmant salon de thé permet de vivre l'expérience unique d'être reçu dans la salle à manger de l'ancien premier ministre.

La façade ouest, qui donne sur le jardin, présente la fenestration la plus élaborée. Pour profiter du soleil couchant, presque tout le mur du rez-de-chaussée est percé de fenêtres et de portes à la française. Ces ouvertures donnent sur une étroite terrasse fermée par un mur assez large pour recevoir des urnes fleuries et les lions de pierre gardiens des lieux.

Les pelouses

L'escalier de la terrasse mène aux pelouses, qui forment un immense triangle situé entre le champ, l'orée de la forêt et les ruines de l'Abbaye. Dans cet espace, le plus raffiné du Domaine, tout a été rasé pour satisfaire les ambitions du propriétaire. La principale fonction des pelouses est de créer une atmosphère de calme et de sérénité autour de la maison. Elles sont aussi le canevas où sont agencés toutes sortes d'ornements.

L'aménagement des pelouses de Moorside est l'un des projets les plus fastidieux entrepris par Mackenzie King sur son domaine. Plus d'une décennie d'abattage d'arbres, de débroussaillement, d'essouchement, d'engraissement des sols et d'ensemencement est nécessaire à sa mise en œuvre. Mackenzie King fait appel à l'horticulteur principal de la ferme expérimentale d'Ottawa qui lui conseille, plutôt que d'ajouter de la terre sur le sol rocheux de Moorside, d'enrichir la mince couche de terre de matière organique en utilisant les débris de cèdres abondamment présents sur le Domaine. Il lui suggère aussi d'utiliser une semence composée de «Kentucky bluegrass» (*Poa pratensis*, ou pâturin des pins) et de trèfle blanc (*Trifolium repens*). Pour une fois, Mackenzie King se conforme méticuleusement aux conseils qui lui sont donnés ; les résultats tardent à venir mais s'avèrent à la hauteur de ses ambitions.

Les balustrades

Le choix, la fabrication et l'installation des balustrades de Moorside est un projet qui passionne Mackenzie King. Il passe de longues heures, avec sa grande amie Joan Patteson, à feuilleter les magazines spécialisés à la recherche d'inspiration. C'est finalement dans la revue

«Country Life» qu'il trouve le modèle adéquat.

À la fin de l'été 1931, Mackenzie King procède à l'installation de la balustrade. La patience des ouvriers est mise à rude épreuve par les innombrables tentatives, déplacements et ajustements, qui n'ont jamais l'heur de satisfaire pleinement le maître des lieux. Il cherche à créer des jeux d'ombres et à donner une proportion intéressante au bâtiment.

Ornement d'origine italienne comme la pergola, la balustrade sert à délimiter deux niveaux de terrains. À Moorside, elle marque la limite entre la terrasse et le parterre, et fait la jonction entre la pelouse et les jardins formels. Sa ligne est brisée par trois courts escaliers qui permettent de descendre au niveau du jardin. L'ouverture principale est désaxée par rapport à l'alignement de la ruine, des jardins et du chalet, un décalage dû à un affleurement rocheux que Mackenzie King aurait pu faire disparaître, mais qu'il a choisi de conserver pour intégrer le plus d'éléments naturels possible à ses aménagements. Une haie d'hydrangées s'appuie sur la partie la plus longue de la balustrade et marque l'entrée des jardins floraux.

Le Jardin français

Ce jardin couvre un rectangle de plus de 125 m², divisé en quatre sections parfaitement symétriques. Chacune d'elle est séparée des autres par une allée étroite, harmonieusement arquée pour contourner le bain d'oiseaux. Les plates-bandes sont composées d'annuelles strictement alignées, dont les variétés, la quantité et l'agencement sont reproduits à l'identique dans la section opposée. L'effet de miroir apporte une touche de noblesse à cette section du parterre.

Les rosiers sont disposés en forme d'étoile autour du bain d'oiseaux, où trônait une figurine à l'époque de Mackenzie King.

Depuis quelques années, le Jardin français est planté de plusieurs milliers de bulbes de tulipes qui fleurissent les plates-bandes dès la fonte des neiges. Le domaine Mackenzie-King fait partie des sites du Festival canadien des tulipes qui se tient chaque printemps dans la région de la capitale du Canada.

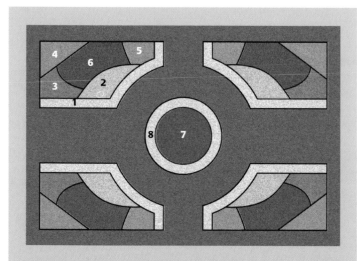

△ 1. *Alyssum 'Little Dorrit'* (Alyssum 'Little Dorrit'). 2. *Muflier* (Anthirrhinum majus).
3. *Reine marguerite* (Callistephus 'Heart of France'). 4. *Cosmos* (Cosmos bipinnatus).
5. *Lin doré* (Linum flavum). 6. *Sauge écarlate* (Salvia splendens).
7. *Rosier 'Europeana'* (Rosa floribunda 'Europeana').
8. *Cinéraire maritime* (Senecio maritima).

L'été venu, une sélection d'annuelles s'épanouit dans le Jardin français. Les architectes paysagistes de la Commission de la capitale nationale choisissent chaque année une dizaine de fleurs dans la liste de celles que Mackenzie King a utilisées pendant les deux décennies où il a entretenu les jardins de Moorside. On s'efforce ainsi de respecter le plus possible l'intégrité historique des lieux.

Combiné à la nudité des pelouses, l'aménagement particulière-

ment raffiné du Jardin français symbolise pour Mackenzie King une tentative très urbaine de reprise de contact avec la nature.

▷ *Une rainette se prélasse sur un pétale de cosmos. Cette minuscule grenouille vit dans les fleurs.*

Le Jardin anglais

Quelques enjambées suffisent pour passer du classicisme du Jardin français au romantisme du Jardin anglais. On perçoit ici l'influence des enseignements de Gertrude Jekyll, une architecte de jardins britannique renommée au début du XXᵉ siècle. Les plates-bandes ne sont constituées que de vivaces, disposées selon leur forme, leur taille et leur couleur. Du printemps jusqu'à l'automne, plus de 25 variétés se relaient pour offrir aux visiteurs les harmonies visuelles et olfactives qui ont fait les délices de l'ancien premier ministre.

Au début des années 1930, Mackenzie King et Joan Pattesson passent de longues heures à choisir et

à agencer les végétaux des jardins. Chassé du pouvoir après avoir dirigé le gouvernement canadien pendant plus de dix ans, Mackenzie King se terre à Kingsmere et

entreprend ses principales créations paysagères. Pendant ces quelque six ans de purgatoire politique, il mène de front la restauration de la Ferme, l'élaboration des pelouses, l'aménagement des jardins et des sentiers, et la construction des ruines.

Tout autour des plates-bandes sont disposés des bancs, chaises et fauteuils de bois peint en blanc, fidèlement reproduits selon les modèles d'origine. Au centre du parterre, une imposante maison d'oiseaux est juchée au sommet d'un poteau de cèdre. En Italie, en France ou en Grande-Bretagne, le mobilier et les ornements seraient faits de marbre, mais le bois s'harmonise bien mieux à la nature du bouclier canadien.

En bon victorien, Mackenzie King aime agrémenter ses parterres d'éléments décoratifs parfois disparates, mais chargés de symboles. Il parsème ses pelouses d'animaux sympathiques — lapins, faons, âne — et de créatures inquiétantes — faunes, gargouilles. Ces figurines ont chacune leur propre signification : elles sont rattachées aux valeurs religieuses et philosophiques, aux convictions politiques ou aux souvenirs personnels de Mackenzie King. Le premier ministre installe ainsi dans son jardin un lampadaire provenant de sa ville natale et une cloche de navire qui lui rappelle celle qu'il

a vue dans un monastère égyptien. Plusieurs de ces éléments existent encore ; ils sont conservés et parfois exposés au Domaine, mais, pour des raisons de sécurité, ne sont plus installés en permanence dans les jardins publics.

◁ Dans le prolongement du Jardin français, le Jardin anglais se compose de deux plates-bandes rectangulaires qui conduisent vers la Fenêtre sur la forêt.

△ Monardes écarlates (Monarda x didyma).

La Fenêtre sur la forêt
et le Jardin caché

La construction des ruines constitue l'œuvre la plus significative de Mackenzie King à Kingsmere. Ces aménagements donnent en effet au Domaine un caractère unique en Amérique du Nord. L'idée lui vient de ses lectures et de sa visite des grands domaines romantiques en Grande-Bretagne : il imagine, dans les collines de la Gatineau, un domaine de style pittoresque qui témoigne de son respect pour le passé, de son attachement à la culture britannique, et constitue un héritage qu'il laissera à ceux qui le suivront.

En 1935, après avoir terminé d'aménager les jardins, Mackenzie King entreprend la réalisation des ruines de l'Abbaye. L'année suivante il fait ériger la Fenêtre sur la forêt à l'aide de pierres provenant de la British American Bank Note Company Limited, une imprimerie d'Ottawa vouée aux pics des démolisseurs. Au moins six piliers et quatre courtes colonnes de la façade de l'imprimerie sont ainsi installés dans le jardin, entourés d'une nature qui souligne leur noblesse et leur romantisme.

△ *Trois des nombreuses espèces de fleurs poussant dans le Jardin caché ; de gauche à droite : phlox mousse (Phlox subulata), astilbe (Astilbe arendsii), iris versicolore (Iris versicolor).*

▽ *Fenêtre sur la forêt.*

Le Sentier de la chute

Q uand Mackenzie King achète Moorside en 1924, il apprend que son nouveau terrain est bordé par un ruisseau qui déferle vers le bas de l'escarpement, en une chute spectaculaire dont il peut entendre le vrombissement depuis le chalet. Il décide alors d'acheter à ses voisins des parcelles qui, petit à petit, lui permettent de posséder l'ensemble du territoire où coule le ruisseau.

Installée à la limite des jardins formels, cette ruine les sépare du Jardin caché qui se trouve à la lisière de la forêt.

Situé dans une dépression du terrain, le Jardin caché demeure invisible depuis le chalet. Il s'agit du plus ancien jardin de Moorside, aménagé de 1924 à 1928 par Joan Patteson. C'est elle qui lance le projet en défrichant, nettoyant et asséchant une zone marécageuse de quelque 80 m², à l'extrémité ouest de Moorside. Elle y aménage une rocaille, jardin très à la mode dans les années 1920 et parfaitement adapté au sol et au climat du bouclier canadien. L'endroit est bien choisi, il présente une bonne exposition à l'est qui convient parfaitement aux fleurs alpines que Joan Patteson y plante.

Quand le premier ministre emménage à Moorside, il entretient soigneusement la rocaille. Mais, dans les années 1940, il la néglige, au grand dam de Joan Patteson, et laisse les fleurs sauvages l'envahir. Il faut attendre les années 1980 avant de voir la rocaille restaurée en même temps que les autres jardins du Domaine.

En 1929, enfin propriétaire du cours d'eau, Mackenzie King entreprend de tracer un sentier pour se rendre des jardins jusqu'à la chute. Il aménage sur plus d'un kilomètre un véritable jardin linéaire en sous-bois, débroussaille, sème des fleurs, plante des arbres et en coupe pour dégager le panorama. Il construit plusieurs ponts et barrages pour créer des cascades, modifier le cours du ruisseau et le maintenir à proximité du sentier qui doit subtilement mener le promeneur vers ses principaux attraits. Winston Churchill, Charles Lindbergh, divers membres de la famille royale britannique et plusieurs gouverneurs généraux ont eu droit à une visite guidée. Quant au maître des lieux, il parcourt lui-même presque quotidiennement ce sentier lorsqu'il séjourne à Moorside. Il associe les bienfaits de cet exercice physique au plaisir de longues réflexions en solitaire ou d'échanges amicaux avec ses collaborateurs et ses proches.

Le sentier commence tout juste à droite du Jardin caché et de la Fenêtre sur la forêt. En quelques pas, le visiteur quitte le paysage ouvert, ordonné et fleuri des jardins pour se retrouver sous le couvert de

la forêt sauvage. Cet endroit constitue l'entrée du « sanctuaire de la faune et de la flore » que doit demeurer à jamais la partie boisée du Domaine, selon les vœux mêmes de Mackenzie King.

Sur le parcours, le premier élément qui attire l'attention est une cavité percée sous une grosse pierre. Il s'agit de l'entrée d'une caverne, que des spéléologues ont explorée, mais où les visiteurs ne peuvent s'aventurer pour des raisons de sécurité.

Le sentier épouse ensuite le tracé du lit du ruisseau, qu'il traverse à plusieurs reprises sur des ponts de bois. Il serpente au creux des ravins, entre les bouquets d'arbres géants et les rochers, et débouche finalement sur le belvédère de la chute. À l'époque du premier ministre, le débit spectaculaire du cours d'eau lui permet d'imaginer un voile de mariée dans l'épaisse écume, mais aujourd'hui, excepté pendant la fonte des neiges, il est difficile de se faire une idée de l'ampleur passée du torrent.

Forcé de délaisser ses longues promenades en forêt pendant les années de guerre, Mackenzie King s'aperçoit lorsqu'il prend sa retraite, en 1948, que sa condition physique ne lui permet plus ce type d'exercice. Il entreprend donc en 1949 son dernier grand projet d'aménagement paysager : à l'aide de machineries lourdes, il retrace le sentier, l'élargit et construit des ponts de pierres pour pouvoir y accéder en automobile.

Cependant, cette même année, une très mauvaise surprise l'attend. Son voisin, Basil Mulvihill, érige un barrage en amont du ruisseau afin de créer un lac artificiel sur ses terres. Les conséquences sur le ruisseau et surtout sur la chute sont catastrophiques. Le débit d'eau baisse dramatiquement. Mackenzie King décide de poursuivre Mulvihill en justice, mais il meurt avant d'avoir pu faire entendre sa cause devant un tribunal.

En 1953, le barrage du lac Mulvihill cède. Le déferlement d'eau emporte presque tous les ponts. Quelques années plus tard, le remblayage dû à la construction de la promenade Champlain achève de rendre l'endroit à peu près méconnaissable.

D'importants efforts de restauration ont été entrepris dans les années 1980 par la Commission de la capitale nationale du Canada. Cependant, les travaux nécessaires pour reconstituer intégralement les aménagements de Mackenzie King sont si énormes qu'il est peu probable que le sentier retrouve un jour son aspect d'origine.

Les ruines

Une fois revenu devant la Fenêtre sur la forêt, la première ruine que l'on a pu admirer, on longe la lisière du boisé vers le sud. Un banc de pierre invite à faire une pause. Mackenzie King aimait s'asseoir à cet endroit pour contempler le spectacle de la nature.

L'Arc de triomphe

Le regard est ensuite attiré par une imposante structure qui se dresse à la limite de la forêt. Une arche de style ionique (l'un des trois ordres de l'architecture grecque, caractérisé par des colonnes dressées sur une base moulurée et surmontées d'un chapiteau à volutes) étonne par son apparente légèreté malgré ses quelque huit mêtres de hauteur. Érigée en 1936 avec les pierres de la British American Bank Note Company Limited, cette ruine célèbre le retour de Mackenzie King au pouvoir : c'est son Arc de triomphe !

Les visiteurs peuvent en toute liberté traverser cette porte monumentale toujours ouverte : c'est un lieu d'accueil, de passage et de mystère aussi, car, de l'autre côté, l'aspect sauvage du paysage contraste avec la nature domestiquée des jardins. Mackenzie King a d'ailleurs nommé cet endroit le « Bosquet de Diane », déesse romaine de la chasse et reine des forêts sauvages. Alors que la façade nord de l'arche est de style classique, sa face intérieure est faite de pierres grossièrement équar-

ries et rappelle les châteaux normands et le Moyen Âge. Mackenzie King relie ainsi les racines de la culture britannique et celles de la civilisation occidentale.

Les ruines de l'Abbaye

Partant de l'Arc de triomphe, un sentier pénètre dans la forêt toute proche et permet d'accéder à une hauteur d'où l'on bénéficie d'une vue saisissante des forêts du Domaine. C'est ce site exceptionnel que Mackenzie King a choisi pour y construire ses ruines les plus ambitieuses.

L'élaboration des ruines de l'Abbaye débute en 1935 avec l'érection des structures sud et ouest. Les pierres proviennent de la maison de Simon Napoléon Parent, un ancien premier ministre du Québec. Cette résidence se trouvait dans le quartier de la Côte de sable, à Ottawa, où se situe également la maison Laurier que Mackenzie King habite à l'époque.

Mackenzie King voit dans la forme des fenêtres de cette maison des ressemblances avec les constructions classiques grecques. Pendant quelque temps, il caresse l'idée de transformer l'ensemble en chapelle ou en bibliothèque. Le coût du projet l'en dissuade, d'autant qu'il veut éviter de choquer par des dépenses somptuaires ses concitoyens touchés par la crise économique. La fenêtre panoramique se transforme donc en Fenêtre sur l'infini encadrant l'immensité de la vallée de l'Outaouais.

Les deux autres murs des ruines de l'Abbaye, au nord et à l'est, proviennent des vestiges du premier parlement d'Ottawa, incendié en février 1916. Mackenzie King choisit de donner un style religieux à sa construction sans chercher à reproduire l'architecture originale.

Côté est, le mur est construit à partir d'un lot de pierres taillées et

de huit fines colonnes formant une élégante arcade, une fenêtre cintrée et une porte en ogive. L'ensemble est disposé à la manière d'un cloître ou d'une chapelle de style gothique. Au centre de ce mur est incrusté un blason sculpté aux armoiries d'Angleterre.

Le mur nord, d'aspect plus massif, présente les armes du président de la Chambre des communes de Westminster en Angleterre : un

▽ *«Elle couronnera la colline d'une gloire véritable — la gloire qu'était la Grèce.» C'est en ces termes que Mackenzie King présente en 1935 l'Abbaye en ruine qu'il veut installer face à la vallée de l'Outaouais.*

chevalier en armure avec son bouclier, pointant le doigt vers le ciel. La sculpture repose sur le tablier d'un âtre sauvé de l'ancien parlement d'Ottawa. La cheminée contient aussi quatre pierres provenant de l'imprimerie de William Lyon Mackenzie, le grand-père de Mackenzie King.

La symbolique de ces ruines est multiple. D'emblée, le cadre impose l'image de la fragilité des œuvres humaines par rapport à la force de renouvellement de la nature. Mais Mackenzie King associe aux ruines d'autres symboles personnels et culturels : ses origines familiales, sa ferveur religieuse, son appartenance canadienne et sa fidélité à la culture britannique, ses liens avec le Canada français qui l'a soutenu tout au long de sa carrière, les origines de la civilisation occidentale et les racines du système politique canadien.

Les arbres
du Domaine

L e domaine Mackenzie-King est
en grande partie recouvert de
forêts naturelles. Plein de respect et
d'admiration pour les arbres qu'il
considère comme des êtres vivants,

Mackenzie King a souhaité préserver cet univers boisé. Il a également planté diverses essences choisies qui ajoutent à la majesté de ses jardins.

À Kingswood, il a surtout coupé des arbres pour faire place aux bâtiments, chemins, sentiers et platesbandes et pour dégager la vue sur le lac Kingsmere. Des pins et des érables ont cependant été plantés le long du chemin principal et devant les murs de pierres sèches.

À Moorside, la situation est différente. Quand Mackenzie King s'y installe, l'endroit est largement déboisé et occupé par des champs. Entre 1924 et 1935, il fait planter plus de 3000 arbres. Les pins

△ *Chêne rouge (*Quercus rubra*).*

▷ *Pins blancs (*Pinus strobus*).*

▽ *Aubépine.*

dominent, car Mackenzie King sait qu'avant l'arrivée des Européens ces arbres étaient les rois de la région. Il plante aussi plusieurs autres espèces indigènes le long des murs, autour du chalet et sur les pelouses : érables, ormes, frênes, chênes, cèdres, épinettes et genévriers.

À la Ferme, les arbres fruitiers du verger volent la vedette. Mackenzie King plante plusieurs dizaines de pommiers, pruniers et cerisiers. Il introduit aussi dans cette partie du Domaine des arbres de collection : chênes des domaines royaux de Windsor, cerisiers du japon et noyers noirs d'Amérique originaires de Mont Vernon, l'ancien domaine de George Washington en Virginie.

En direction de la Ferme

Le sentier ramène le visiteur vers le chalet de Moorside à travers un paysage bucolique : une vaste pelouse, parsemée de pins et sertie par la forêt toute proche.

Du côté est, appuyée sur le boisé, se profile la Forge. Ce bâtiment de planches rustiques peintes en noir et blanc a été construit au plus fort de la crise économique. Mackenzie King souhaite alors faire de son domaine une exploitation autosuffisante et la Forge vient compléter la Ferme. Au-dessus de l'entrée, il installe un pigeonnier qui lui rappelle l'Écosse, pays de ses ancêtres, où les pigeonniers sont très populaires.

En quittant Moorside le visiteur aperçoit un garage, réplique presque exacte de celui de Kingswood. Construit en 1928, l'année de la restauration du chalet de

Moorside, il sert à la fois d'abri pour les voitures et de logement pour le personnel.

La visite du domaine Mackenzie King se termine, mais deux éléments méritent encore d'être signalés. À quelques dizaines de mètres de la sortie de l'aire de stationnement se trouvait autrefois Shady Hill, une maison de ferme restaurée que Mackenzie King louait aux Patteson. Le bâtiment laissé à l'abandon a été démoli en 1973. Seuls subsistent les terrains en friche et les barrières qui en marquent l'entrée.

En quittant le Domaine, le visiteur peut ralentir pour admirer l'exploitation où Mackenzie King a joué les «gentleman farmer». En 1948, il s'y retire pour profiter pleinement des beautés de son domaine. C'est donc à la Ferme qu'au soir du 22 juillet 1950, William Lyon Mackenzie King s'éteint.

△ *Transformée en résidence officielle réservée aux présidents de la Chambre des communes, la Ferme reste inaccessible aux visiteurs.*

Conclusion

Quelques mois avant la mort de Mackenzie King, la Société des architectes paysagistes et urbanistes du Canada lui décerne un certificat de membre honoraire à vie, afin de souligner sa contribution à l'aménagement d'Ottawa et ses compétences en architecture du paysage.

Cette consécration peut sembler singulière pour un homme qui a voué toute sa vie à la politique, pourtant peu de titres ont été si justement attribués. En intitulant sa biographie de Mackenzie King *A Very Double Life*, l'historien Charles P. Stacy a pertinemment souligné la dualité de la vie de l'ancien premier ministre. Le politicien était aussi un artiste, qui a largement mérité qu'on reconnaisse son œuvre en architecture du paysage. Il lègue à la capitale du Canada un héritage considérable, dont le plan Gréber, le parc de la Gatineau et le parc Kingsmere, devenu le domaine Mackenzie King, constituent les pièces maîtresses.

3

Bibliographie

von Baeyer, Edwinna, *Garden of Dreams: Kingsmere and Mackenzie King*, Toronto, Dundurn, 1990.

Bond, Courtney C. J., *Le Pays de l'Outaouais*, Ottawa, Ministère des Travaux publics, 1968.

Gaffield, Chad (dir.), *Histoire de l'Outaouais*, Québec, Institut québécois de recherche sur la culture, 1994.

Granatstein, J. L., *W. L. Mackenzie King*, trad. par Georges Byrns, Longueuil, Editions Julienne, 1978.

King, William Lyon Mackenzie, *The King Diaries*.

Paine Cecilia, *Mackenzie King Estate: Site Restoration and Development Plan*, 1984.

Saint-Aubin, Bernard, *King et son époque*, Montréal, La Presse, 1982.

Teatero, William, *Mackenzie King: A Man of Mission*, Toronto, Personal Library, 1979.

Crédits photographiques

À moins d'indications contraire, les photographies de ce guide ont été réalisées par Louise Tanguay.

Les photographies historiques proviennent des fonds suivants :
p. 17 : Le lac Kingsmere (Commission de la capitale nationale, tous droits réservés) ; La drave (Archives nationales du Canada / C-022036) • p. 18 : Installations de T. L. Willson (ANC / C-053492) • p. 21 : J. Gréber à Moorside (CCN, tous droits réservés) • p. 22 : W. L. M. King avec ses parents (ANC, C-046521) • p. 23 : Mme King devant la cheminée (photo. J. W. L. Foster / ANC / C-114873) ; W. L. M. King et sa mère (ANC / C-046560) • p. 24 : W. L. M. King enfant (ANC / C-014189) • p. 25 : W. L. M. King avec ses frères et sœurs (ANC / C-007352) • p. 26 : W. Laurier (ANC / C-016741) ; W. L. M. King ministre du Travail (photo. W. J. Topley / ANC / PA-025971) • p. 27 : W. L. M. King, W. Churchill et F. D. Roosevelt (Archives du Canadien pacifique, tous droits réservés) ; W. L. M. King avec son chien (ANC / C-024304) • p. 28 : W. L. M. King prenant le thé (CCN, tous droits réservés) ; W. L. M. King en canot avec J. Patteson (ANC / PA-124450) • p. 29 : Deux femmes sous le porche du hangar à bateau (ANC / PA-134801) • p. 30 : Les jardins de Moorside en 1929 (ANC / 084093) ; La Ferme (ANC / PA-124432) • p. 31 : W. L. M. King avec son troupeau (ANC / C-009051) • p. 32 : Promeneurs sur le mont King (ANC / C-002130) ; Les jardins de Moorside en 1937 (ANC / PA-124706) • p. 33 : W. L. M. King devant le rocher erratique (ANC / PA-134774) • p. 36 : W. L. M. King avec enfants (CCN, tous droits réservés) • p. 42 : W. L. M. King devant les barrières du Domaine (ANC / PA-126144).

Illustrations

p. 10 : La mer de Champlain depuis le belvédère Champlain (CCN, tous droits réservés) • p. 14 : Artiste inconnu, *Un couple d'Algonquins*, fin du XVIIe siècle (Bibliothèque centrale de Montréal, Salle Gagnon) • p. 37 : E. A. Brooke, *Parterre at Trentham Hall Gardens*, fin XIXe, photo. Philip de Bay (© Historical Picture Archive / CORBIS HT001379).

Index

Jardins membres de l'AJQ

ASSOCIATION DES
JARDINS
DU QUÉBEC

[1] ## Domaine Mackenzie-King (Parc de la Gatineau)

Situé au nord de Gatineau (Hull), ce domaine de 231 ha a été pendant près de 50 ans la résidence d'été de William Lyon Mackenzie King, dixième premier ministre du Canada. Les sentiers boisés, les chalets restaurés, les jardins romantiques, la pittoresque collection de ruines et l'élégant salon de thé Moorside vous enchanteront.

72, Chemin Barnes Chelsea / Gatineau

(819) 827-2020 / Sans frais : 1 800 465-1867
www.capitaleducanada.gc.ca/gatineau
Ouvert de la mi-mai à la mi-octobre
Entrée avec tarification

[2] ## Centre de la nature

À Laval, capitale horticole du Québec, le Centre de la nature constitue un magnifique exemple de carrière réhabilitée. Ce parc urbain, qui couvre 50 ha, possède une belle collection d'arbustes ornementaux, de plantes indigènes, d'annuelles et de vivaces.

901, avenue du Parc / Laval

(450) 662-4942
m.latour@ville.laval.qc.ca
Ouvert toute l'année
Entrée libre

[3] ## Jardin botanique de Montréal

En plein cœur de Montréal, le Jardin botanique couvre plus de 75 ha. Il compte dix serres d'exposition et une trentaine de jardins thématiques extérieurs. Ses collections proviennent de tous les coins du globe. Parmi ses principales attractions : le tout nouveau jardin des Premières-Nations, la roseraie (10 000 rosiers), le jardin de Chine, le jardin japonais, l'arboretum (40 ha) et sa maison de l'arbre, ainsi que l'Insectarium. Visites guidées, expositions, ateliers horticoles, démonstrations pour tous les publics.

4101, rue Sherbrooke Est / Montréal

(514) 872-1400
www.ville.montreal.qc.ca/jardin
Ouvert toute l'année
Entrée avec tarification

4 Parc Jean-Drapeau

Au milieu du Saint-Laurent, près du centre-ville de Montréal, le parc Jean-Drapeau est reconnu pour la splendeur de son site et pour ses événements internationaux. Il comprend les jardins de l'île Notre-Dame, façonnés lors des Floralies internationales de 1980, les boisés et les bâtiments patrimoniaux de l'île Sainte-Hélène. Parmi ses principales attractions : une collection de plantes grasses et succulentes, la maison québécoise et son jardin fleuri, une collection d'art public et de nombreuses fontaines.

1, Circuit Gilles-Villeneuve / Montréal

(514) 872-6120
www.parcjeandrapeau.com
Ouvert toute l'année
Entrée libre

5 Jardin du Gouverneur

Ce site exceptionnel, en plein cœur du quartier historique de Montréal, abrite un des rares exemples de jardin urbain du XVIᵉ-XVIIᵉ siècle. On y retrouve un espace potager, des arbres fruitiers, des plantes aromatiques, médicinales et d'agrément. Le Jardin du Gouverneur forme une ceinture autour du Musée du Château Ramezay, une résidence datant du régime français. Café-terrasse et animation historique.

Musée du Château Ramezay
280, rue Notre-Dame Est / Montréal

(514) 861-3708
www.chateauramezay.qc.ca
Ouvert toute l'année
Entrée libre au jardin

6 Jardin Daniel A. Séguin

Ouvert au public depuis cinq ans, cet ensemble de jardins à vocation didactique, rattaché à l'Institut de technologie agro-alimentaire, regroupe sur 4,5 ha plusieurs sections thématiques : jardin français, jardins japonais et zen, jardin d'eau, jardin québécois d'antan. Collection de 350 variétés d'annuelles, mosaïcultures en trois dimensions et potager écologique. Visite guidée incluse dans le prix d'entrée.

3215, rue Sicotte / Saint-Hyacinthe

(450) 778-6504 poste 215 / En saison : (450) 778-0372
www.ita.qc.ca/jardindas
Ouvert de juin à septembre
Entrée avec tarification

7 À Fleur D'eau, parc floral

Dans la Vallée de Dunham, situé dans un boisé, le parc floral « À Fleur D'eau » met en valeur une centaine de variétés de plantes aquatiques et de plantes des milieux humides. Dans un décor naturel, des sentiers sont aménagés et quatre lacs se rejoignent par des ruisseaux et des cascades. Dédié à la préservation du milieu aquatique, ce parc vous invite à la détente tout en découvrant l'environnement de l'eau et un sentier de 2 km en forêt.

140, Route 202 / Stanbridge East

(450) 248-7008
fleurdo@netc.net
Ouvert de juin à octobre
Entrée avec tarification

8 Parc Marie-Victorin

Serti dans la campagne des Bois-Francs, le Parc Marie-Victorin (12 ha) fut inauguré en 1985 pour commémorer le centenaire et l'œuvre du Frère Marie-Victorin (1885-1944) natif de Kingsey Falls. La visite de ses cinq magnifiques jardins vous permettra d'admirer notamment de superbes mosaïques en trois dimensions et de profiter totalement de la nature. Sur les berges de la rivière Nicolet, un belvédère est spécialement aménagé pour la détente et l'observation.

385, rue Marie-Victorin / Kingsey Falls

(819) 363-2528 / Sans frais : 1 888 753-7272
www.ivic.qc.ca/mv
Ouvert de mai à octobre
Entrée avec tarification

9 Villa Bagatelle

Cette splendide villa inspirée de l'architecture rurale du XIXe siècle témoigne de l'influence des cottages américains. Dans son jardin à l'anglaise, sous le couvert de grands arbres où coule un ruisseau paisible, on peut admirer des plantes rares et un choix de végétaux de sous-bois qui met en valeur le potentiel horticole de nos plantes indigènes. Cet ensemble saura plonger le visiteur dans l'univers du mouvement pittoresque.

1563, Chemin Saint-Louis / Sillery

(418) 681-3010
www.quebecweb.com/cataraqui/fondation.html
Ouvert toute l'année
Entrée libre

10 Domaine Joly-De Lotbinière

Immense parc-jardin romantique aménagé au milieu du XIXe siècle, le Domaine Joly-De Lotbinière est reconnu comme l'un des plus beaux jardins du Québec. Oasis de paix et de beauté, le Domaine vous propose une rencontre avec l'histoire et la nature, une balade sous les arbres centenaires, des jardins aux mille couleurs et parfums, une marche en forêt, une aventure au fleuve, et plus encore.

Route de Pointe–Platon / Sainte-Croix

(418) 926-2462
www.domainejoly.com
Ouvert du début mai à la mi-octobre
Entrée avec tarification

11 Jardin Roger-Van den Hende

Ce jardin didactique de 6 ha, rattaché à l'Université Laval, possède 2000 espèces et cultivars qui ont la particularité, unique en Amérique du Nord, d'être regroupés par familles botaniques. Il comprend un jardin d'eau, une collection de plantes herbacées et de rhododendrons, un arboretum et une roseraie. Visites commentées pour groupes seulement.

Université Laval, Pavillon de l'Envirotron
2480, boul. Hochelaga / Sainte-Foy

(418) 656-3410
www.crh.ulaval.ca/jardin
Ouvert de la fin avril à la fin septembre
Entrée libre

Domaine Maizerets

Propriété du Séminaire de Québec de 1705 à 1979, ce parc urbain largement boisé couvre aujourd'hui une superficie de 27 ha et comprend, en plus du manoir (classé monument historique), un arboretum, un marécage entouré de plantes aquatiques et divers jardins. Animations artistiques et culturelles.

2000, boulevard Montmorency / Québec

(418) 691-2385 / (418) 691-7842
Ouvert toute l'année
Entrée libre

Parc des Champs-de-Bataille

Ce vaste parc (108 ha) occupe le site de l'affrontement, en 1759, des armées française et anglaise, l'un des événements militaires les plus marquants de l'histoire de l'Amérique. Outre ses milliers d'arbres, il compte de nombreuses mosaïques et un joli jardin floral (vivaces), le jardin Jeanne-d'Arc, qui allie les styles français et anglais. Centre d'interprétation, nombreuses animations. Dans le parc, qui jouxte la Citadelle, se trouve le Musée du Québec.

835 avenue Wilfrid-Laurier / Québec

(418) 648-4071
www.ccbn-nbc.gc.ca
Ouvert toute l'année
Entrée libre pour le parc et le jardin

Maison Henry-Stuart

Inspiré du naturalisme anglais, un charmant jardin comprenant une roseraie entoure ce petit cottage construit en 1849. Le jardin et la maison sont classés monuments historiques. Les intérieurs sont authentiques des années 1920. Visite guidée agrémentée du service du thé.

82, Grande-Allée Ouest / Québec

(418) 647-4347 / Sans frais : 1 800 494-4347
www.cmsq.qc.ca
Ouvert toute l'année
Entrée avec tarification

Parc du Bois-de-Coulonge

Avec son site, la beauté et la diversité de ses arbres, son patrimoine et ses aménagements, le parc du Bois-de-Coulonge se classe au palmarès des plus beaux jardins du Québec. Son entretien, réalisé par des horticulteurs chevronnés selon des critères élevés, en fait un site exemplaire qui reprend ses lettres de noblesse et redevient un haut lieu de l'horticulture au Québec, comme il l'était au milieu du XIXe siècle, dans la tradition des jardins paysagers anglais.

1215, chemin Saint-Louis / Sillery

(418) 528-0773 / Sans frais : 1 800 442-0773
commission@capitale.gouv.qc.ca
Ouvert toute l'année
Entrée libre

Grands Jardins de Normandin

Tout récemment créés, ces jardins proposent sur 55 ha un panorama de l'art des jardins à travers les siècles : jardins français et anglais, jardin des herbes, potager décoratif, tapis d'Orient. On y compte pas moins de 65 000 plants de fleurs annuelles. Sentiers boisés.

1515, avenue du Rocher / Normandin

(418) 274-1993 / Sans frais : 1 800 920-1993
www.lesgrandsjardinsdenormandin.com
Ouvert de la fin juin à la mi-septembre
Entrée avec tarification

Seigneurie des Aulnaies

Un magnifique manoir de style victorien (1853), un moulin (1842) et un jardin ornemental sont les joyaux de ce domaine qui font revivre la vie seigneuriale au siècle dernier. Un jardin de fleurs (vivaces) d'inspiration française, des plates-bandes, un jardin utilitaire, une pinède, une roseraie, des plantations d'arbres et d'essences fruitières ainsi que des sentiers pédestres. Café-terrasse, guides en costumes d'époque, visites guidées et nouvelle exposition historique multimédia.

525, rue de la Seigneurie / Saint-Roch-des-Aulnaies

(418) 354-2800 / Sans frais : 1 877 354-2800
www.laseigneuriedesaulnaies.qc.ca
Ouvert de la mi-juin à la mi-octobre
Entrée avec tarification

Roseraie du Témiscouata

Jouxtant le Fort Ingall (1839), construit sur les rives du lac Témiscouata, cette roseraie met en valeur 1200 rosiers arbustifs, grimpants, couvre-sols et buissonnants, issus de 250 variétés et espèces botaniques pour la plupart rustiques. Jardin d'accueil, jardin classique (labyrinthe), jardin anglais, jardin didactique.

81, rue de Caldwell / Cabano

(418) 854-2375
www.roseraie.qc.ca
Ouvert de la fin juin à la fin septembre
Entrée avec tarification

Jardins de Métis

Ces jardins d'une beauté exceptionnelle se nichent au confluent de la rivière Mitis et du fleuve Saint-Laurent. Ce paradis végétal égrène les splendeurs de quelque 3000 espèces et variétés de plantes indigènes et exotiques sur plus d'un kilomètre de littoral. Un ruisseau aux abords luxuriants conduit le visiteur à différents jardins. Les Jardins de Métis sont aussi un lieu ouvert à la création contemporaine avec la présentation du Festival international de jardins, forum unique d'innovation dans le domaine du design de jardin.

200, Route 132 / Grand-Métis

(418) 775-2221
www.jardinsmetis.com
Ouvert de juin à octobre
Entrée avec tarification